AF229022

LE MANIFESTE

DE

M. THIERS

MM. MARPON
ET
E. FLAMMARION
ÉDITEURS

Galerie de l'Odéon, 1 à 7

et rue Retrou, 4

—

PRIX

L'exempl. 5 cent.

—

Le cent.... 3 fr. »

Le mille... 25 »

Le port en sus.

M. THIERS

Aux Electeurs du IXe arrondissement de Paris

Nous avons trouvé dans les papiers de M. Thiers le document suivant. Après l'avoir écrit tout entier de sa main, il avait eu le temps d'en revoir la première partie. Le reste avait besoin d'une révision, et c'était le travail qu'il avait réservé pour la journée qui nous l'a enlevé. Nous n'avons voulu faire aucune modification à la dernière pensée de M. Thiers, et, en publiant ce document qu'il comptait publier lui-même, nous ne faisons que nous conformer à ses intentions, qui eurent toujours en vue la vérité et le bien public.

Mignet.

MANIFESTE DE M. THIERS

Aux Électeurs du IXe Arrondissement

DE PARIS

La Chambre des députés élue en février 1876 vient d'être, en mai 1877, dénoncée à la France par le pouvoir exécutif, condamnée par le Sénat et renvoyée devant le pays, son juge unique et définitif. Le droit de défense légitime commence donc pour elle, et je viens, pour mes collègues et pour moi, exercer ce droit de défense dont aucune autorité ne pourrait ni ne voudrait sans doute limiter l'exercice.

Quant à moi, j'ai pris une si faible part aux travaux de la Chambre dissoute, que je crois pouvoir rester un témoin impartial de ce qu'elle a fait, et n'hésite pas à dire, avec son illustre président, M. Grévy, qu'elle n'a pas cessé un instant, par sa prudence, sa modération, son patriotisme, de bien mériter de la France.

Deux ministères ont, il est vrai, succombé depuis qu'elle s'est réunie; mais est-ce par son fait ou par celui des pouvoirs en présence desquels elle était placée?

Le premier de ces ministères a succombé devant le Sénat, ainsi que l'a déclaré son respectable chef, M. Dufaure; le second, par la rupture du pouvoir exécutif avec la représentation nationale, rupture éclatante survenue le 16 mai dernier, tout à fait inattendue et jusqu'ici incomplétement expliquée.

Cherchons cette explication dans les faits eux-mêmes, brièvement mais sincèrement exposés.

Lorsque cette Chambre, la première élue depuis l'institution de la République, s'est assemblée à Versailles, on pouvait concevoir quelques appréhensions en songeant à la multitude, à la gravité des questions qui allaient être soumises à des députés, nouveaux pour la plupart, et encore peu familiarisés avec la pratique des affaires publiques.

On pouvait craindre, en effet :

1° Qu'en présence des charges énormes léguées à la République par les gouvernements antérieurs, la difficulté de faire face à ces charges ne fît naître des projets d'impôts contraires aux vrais principes financiers ;

2° Que la nécessité de répondre aux armements simultanés de toutes les nations européennes ne suscitât des modes de recrutement nuisibles à la bonne constitution de l'armée ;

3° Que les manifestations politiques de certains prélats envers des nations voisines, que certaines prétentions du clergé, inconciliables avec les anciens principes de l'Eglise française, ne provoquassent des discussions regrettables pour les bons rapports entre l'Eglise et l'Etat ;

4° Qu'au milieu de l'émotion générale produite en Europe par les événements d'Orient, la tribune française, si retentissante sous la monarchie, ne le fût pas moins sous la République, et qu'il n'en pût résulter de nouvelles difficultés pour le maintien de la paix;

5° Enfin, que l'attitude de la majorité du Sénat envers la Chambre des députés, sa disposition à prendre en toutes choses le contre-pied des sentiments connus de la Chambre élective, que sa préférence souvent manifestée pour la forme monarchique, que sa prétention de se mêler efficacement au vote du budget ne fissent éclater de dangereux conflits entre les pouvoirs publics. Les plus sombres pronostics étaient, à cet égard, partout répandus. Quant à moi, si je n'étais pas si prompt à prévoir des conflits que j'étais loin de désirer, je n'étais pourtant pas exempt de toute crainte.

Au sujet de l'armée, on a proposé de réduire le service militaire de cinq à trois ans, et cette Chambre, qu'on a accusée de tendre à l'abolition des armées permanentes, a formé une commission qui a repoussé la proposition à peine présentée.

Relativement aux affaires ecclésiastiques, le budget des cultes, par un singulier concours de circonstances, a été discuté au moment même où l'opinion publique était le plus émue par les mandements de quelques prélats. Eh bien! ce budget est sorti de nos mains, augmenté de quelques centaines de mille francs; aucune opposition menaçante pour le Concordat n'a été accueillie, et les mandements en question, déplorés par tous les catholiques éclairés, n'ont encouru que le blâme fort adouci d'un ordre du jour.

Mais, dit-on, il aurait mieux valu n'en pas parler. Cela est vrai; mais, pour qu'on n'en parlât pas, il aurait fallu ne pas les faire. Et encore, si après un premier mandement, la plume de nos prélats s'était arrêtée!.... Mais un second plus violent suivait le premier, un troisième se préparait, et il fallait absolument arrêter un désordre de langage dangereux pour le calme des esprits au dedans, et pour la paix au dehors.

Malgré ces incidents, nous le répétons, le budget des cultes a été, non pas réduit, mais accru; le Concordat est demeuré inattaqué, et toute discussion fâcheuse sur ce sujet a été évitée ou écourtée.

Relativement aux affaires étrangères, toutes les tribunes de l'Europe en ont retenti à la fois : à Berlin, à Vienne, à Rome, à Londres, à Belgrade, à Bucharest, à Athènes, il y a eu d'incessantes discussions sur la question d'Orient. Tout le monde a parlé, même les diplomates, qui ont l'habitude de se taire, et qui ont choisi les bords du Bosphore pour faire entendre leur voix. L'Europe a pu juger si c'était au profit de la paix! Paris seul s'est tu, et dans notre Chambre des Députés, qui, étant jeune, aurait pu être curieuse, il n'y a eu qu'un avis : se taire; non pas qu'on admirât beaucoup l'habileté de notre diplomatie, mais pour ne pas ajouter de nouvelles excitations à l'agitation universelle.

Il existait enfin un dernier sujet de discussions fâcheuses qu'il convenait d'éviter : c'était celui qui touchait aux rapports des Chambres entre elles. En voyant, en effet, le Sénat empressé d'élire les candidats les plus notoirement hostiles à la République, et accueillant volontiers les propositions les plus contraires au sentiment de a Chambre des Députés, on n'aurait pas pu s'étonner de voir cette Chambre user de représailles, surtout à l'occasion des amendements faits par le Sénat au budget.

Qu'est-il arrivé, au contraire ? Le Sénat avait fait au budget sept amendements. En Angleterre, jamais la Chambre des Communes n'a admis le droit de la Chambre des lords en matière de finances, et si celle-ci émet en cette matière une idée utile, on ne lui permet pas de là produire sous forme d'amendement; on attend, pour l'admettre, que cette idée revienne par la Chambre des Communes.

Ce fait était connu de tout le monde; il était allégué par des voix éloquentes. Cependant, sur les instances de M. Jules Simon, le droit du Sénat, quoique très-contestable et très-contesté, a été admis, et, sur les sept amendements, cinq ont été sanctionnés par la Chambre des Députés !

C'est, dira-t-on, que le Sénat avait raison. Je le veux bien, mais supposé qu'il en fût ainsi, il faudrait au moins reconnaître à la Chambre des Députés le mérite de s'être condamnée elle-même. Et nous demanderons à quiconque a dans le cœur quelque sentiment de justice si le Sénat, traité avec tant de déférence par la Chambre élective, s'est acquitté envers elle en la frappant de dissolution. Du reste, attendons quelques jours encore ; le jugement du Sénat qui a condamné la Chambre sera bientôt jugé à son tour par le pays, notre juge à tous, juge supérieur et définitif.

Récapitulons ces faits :

L'impôt sur le revenu écarté;

La durée du service militaire maintenue ;

La dotation de l'Eglise accrue ;

Le Concordat inattaqué ;

Un simple ordre du jour opposé aux plus dangereux mandements ;

Silence absolu sur la politique étrangère ;

Enfin, quant aux rapports des grands corps de l'Etat entre eux, déférence empressée de la Chambre élective envers le Sénat, et les prétentions financières très-contestables de ce dernier admises sans contestation.

Tels sont les faits connus de la France et de l'Europe entière.

Comment donc expliquer l'éclat fait contre cette Chambre ? Elle était, dit-on, radicale. Radicale ! Que veut dire ce mot nouveau, du moins en France, et introduit cette fois dans notre langue politique ?

On ne parle plus du socialisme, et on fait bien. On pouvait et on devait parler du socialisme lorsque tous les jours, en France, on discutait le droit de propriété, le droit au travail, l'impôt progressif, l'égalité des salaires, le crédit gratuit et illimité. Ces mots sont à présent oubliés chez nous; mais on les prononce ailleurs. Les épidémies morales, comme les épidémies physiques, durent un temps, et, quand elles ont régné dans un pays, passent dans un autre.

Le socialisme s'est transporté dans des pays voisins, puissants et glorieux, qui s'en préoccupent sans en faire un sujet d'épouvante, parce qu'ils savent que la peur sincère ou affectée ne sert qu'à rendre les épidémies plus dangereuses. et reconnaissent qu'aux épidémies morales il n'y a de remède efficace que le temps, la raison et la liberté. C'est ainsi que nous nous sommes débarrassés du socialisme et qu'on s'en délivrera dans tous les pays qui en sont atteints.

Quant au radicalisme, mot qu'emploient aujourd'hui les ministres du 16 mai, que signifie ce mot ?

Si par là on entend une certaine conception de l'esprit démocratique qui porterait sur l'administration civile, sur le régime financier, sur l'organisation militaire, sur les affaires religieuses, sur les rapports des pouvoirs entre eux, sur l'intervention des Chambres dans la politique extérieure, il faudrait résister sans doute, et résister énergiquement à une Chambre qui s'y laisserait entraîner.

Mais appeler radicale une Chambre qui ne soulève pas même la discussion de l'impôt sur le revenu ; qui maintient intacte la durée du service militaire ; qui accorde le salaire de tous les cultes reconnus par l'Etat et augmente notamment la dotation du culte catholique ; qui, en présence d'actes condamnables de certains évêques, se borne à un simple blâme lorsque tous les autres citoyens encourraient des peines graves pour de tels actes ; qui, loin de se permettre une ingérence indiscrète dans la politique de l'Etat, refuse de questionner le ministre des affaires étrangères ; qui, loin de méconnaître la limite des pouvoirs, reconnaît au Sénat des droits que l'Angleterre ne reconnaît pas à la Chambre des Lords, et ménage scrupuleusement une Chambre haute qui ne la ménage pas ; appeler radicale une telle Chambre ! non, messieurs les ministres, vous pouvez le dire, mais vous ne le pensez pas !

Et si, de ces questions de principes on passe à certaines questions de circonstances qui se sont présentées, et dont les ennemis de la république espéraient faire des occasions de conflit ou de scandale, telles que l'amnistie ou la loi de l'enseignement supérieur, que s'est-il passé ?

Depuis six ans, les conseils de guerre siégeaient en permanence, prononçant tous les jours de nouvelles condamnations contre des hommes revenus au travail ou prêts à y revenir, et on les en éloignait au lieu de les y attacher définitivement. Il fallait mettre fin aux poursuites, et la Chambre l'a fait. D'autres condamnés de la Commune, déportés dans des climats lointains, manifestaient le meilleur des repentirs, en cultivant la terre et en appelant auprès d'eux leurs familles. A ceux-là il fallait des grâces accordées à propos, et la Chambre a laissé au pouvoir lui-même le soin de les distribuer, pour qu'il en eût le mérite auprès de ces esprits troublés, et que ces grâces ne fussent pas un démenti donné à la justice. Au lieu des troubles annoncés, espérés peut-être, on a eu un subit apaisement.

De très-bons esprits, libéraux et religieux dans la bonne acception du mot, regrettaient la création de deux enseignements supérieurs, l'un laïque, l'autre catholique, tendant tous deux à perpétuer l'existence de deux nations dans la nation, et, dans l'intérêt de l'unité nationale, auraient voulu que la loi de l'enseignement supérieur n'existât pas ou ne fût pas maintenue. D'autres, plus modérés, voulaient qu'on se bornât à restituer à l'Etat les droits qui lui appartenaient dans la collation des grades. La Chambre des Députés, portée aux solutions les plus modérées, s'est rangée à cet avis. Mais le Sénat a refusé de restituer à l'Etat ses droits incontestables. La Chambre n'a pas insisté, et, des droits de l'Etat, il n'en a plus été question.

En considérant que la Chambre était nouvelle; que toute Chambre nouvelle a son éducation à faire; qu'il faut familiariser avec les énormes chiffres du budget des hommes qui n'ont encore aucune idée des dépenses d'un grand Etat; les réconcilier avec l'autorité centrale, qu'ils ont eue souvent pour adversaire dans les conseils municipaux et généraux; qu'il faut leur faire trouver bons ou nécessaires du moins certains impôts qui sont le tourment de leurs contrées; qu'arrivés tous avec des projets de travaux applicables à leurs départements, ports, routes, canaux, chemins de fer, il leur reste à apprendre que pour ces travaux, utiles sans doute, l'Etat est impuissant et le temps tout-puissant; qu'il faut ainsi leur faire subir toutes sortes de désenchantemens, ce qui explique comment tout vote d'une législature nouvelle est pour le gouvernement un souci, un danger; en considérant ainsi les choses, aurait-on pu être surpris si la Chambre nouvelle, la première de la république, avait subi le sort commun et commis peut-être quelque écart, exprimé quelque vote irréfléchi, sur lequel on serait revenu aux sessions suivantes? Loin de là, la Chambre dissoute a trompé, non pas nos espérances, mais nos craintes. A notre grande surprise, nous l'avons trouvée pleine d'une bonne volonté qui ne se rencontrait plus dans les dernières Chambres de la monarchie, recrutées au sein d'une démocratie déjà républicaine, et ne pouvant se défendre d'une certaine aigreur envers un pouvoir qui ne lui était pas analogue. Celle-ci, au contraire, se trouvant en harmonie avec le pouvoir, désirait le succès des choses et s'y prêtait. Discrete, mesurée, intelligente, ménageant sans illusion et sans faiblesse ce qu'il fallait ménager, elle a su éviter tous les écueils, excepté un seul sur lequel elle ne s'est pas jetée, qui semble être venu à elle comme un rocher subitement sorti des flots.

Mais, oubliez-vous, me dira-t-on, les scènes affreuses qui s'y sont passées?

Eh! non, je ne les oublie pas. Je les ai vues et elles sont les plus affreuses, les plus scandaleuses auxquelles j'aie assisté depuis un demi-siècle. J'ai vu le règlement méconnu, le président insulté, ne pouvant faire entendre sa voix, ni faire reconnaître son autorité. Oui! j'ai vu tout cela! Mais ces scènes, peut-on les reprocher à la Chambre dissoute? Elles étaient provoquées non par elle, mais contre elle, par ses ennemis coalisés pour renverser la République, et si dans son indignation elle ne les a pas réprimées à l'instant même par un acte d'autorité, ce n'est point par faiblesse, mais par scrupule à l'égard de ses propres ennemis.

Mais laissons ce sujet. La question n'est pas dans les torts de la Chambre. De torts, elle n'en a point. Tout ce qu'on a dit est pur mensonge. A la place, mettons la vérité, et le pays, sous les yeux duquel tout s'est passé, la reconnaîtra, la proclamera.

La vérité, la voici:

En 1873, quand on vit l'administration, l'armée, les finances rétablies, le territoire évacué, un cri s'éleva du sein de tous les partis : Le temps du provisoire est passsé, dit-on ; le temps est venu de se constituer, c'est-à-dire de donner à chaque parti, fatigué d'attendre, le gouvernement de son choix. Mais il y avait trois partis monarchiques et un seul trône. Il fallait donc renoncer à les satisfaire. Quant à moi, mon opinion était faite. En présence de ces trois compétiteurs, la monarchie était impossible. La République était difficile sans doute, mais possible avec de la prudence et de la sagesse. Avec la République on venait de refaire la France. J'aurais voulu que la question ne fût pas soulevée, mais on ne pouvait plus l'éluder. Simple député, élu Président de la République par mes collègues, je la posai sans me permettre de la résoudre. Je ne pouvais faire ni moins ni plus. Les trois partis monarchiques, unis dans le commun dessein de s'opposer à l'établissement de la République, proposèrent à l'Assemblée de se séparer de moi, et, comme je n'étais pas moins pressé de me séparer d'elle, je donnai ma démission, que mon successeur n'eut pas dix minutes à attendre.

J'aurais pu rester autant que l'Assemblée elle-même ; j'y étais autorisé par une loi constitutionnelle ; je l'aurais pu, mais à une condition : de renvoyer un ministère qui avait ma confiance, qui m'avait puisamment aidé à faire le bien que j'avais accompli. Je ne le voulus pas. Un roi, que le principe monarchique oblige a rester, peut employer ce moyen de donner satisfaction à l'opinion publique ; un chef électif, élu précisément parce qu'il a toujours pensé que le pouvoir doit marcher d'accord avec la majorité de la représentation nationale, dès que cet accord cesse, a le droit de se retirer. Il est vrai que le pays était avec moi, mais non l'Assemblée qui m'avait élu. J'avais un motif plus haut encore que celui de ma dignité personnelle. C'était l'intérêt le plus pressant, le plus vital du pays. La question de la monarchie ou de la république est le tourment de la France. La résoudre est ce qui importe le plus à son repos, à son bien-être, à son avenir. Tant que j'étais au pouvoir, la question étant obscure, on pouvait dire que ma mauvaise volonté faisait seule obstacle au rétablissement de la monarchie. Moi écarté, l'évidence était éblouissante, et l'expérience ne pouvait manquer d'être décisive et démonstrative au dernier degré.

Et bien ! par la majorité victorieuse, le pouvoir a été livré à tous les partisans déclarés, connus, de la monarchie ; ils ont fait tout ce qu'ils ont voulu. Au mépris des lois, des convenances, la couronne de France a été colportée sur les routes de l'Europe par des hommes sans mandat ; et, après tous ces efforts qui ont eu le monde pour témoin, il a fallu venir avouer que la monarchie ne pouvait se faire. On aurait dû au moins s'en tenir à une seule épreuve ; la première avait été assez coûteuse au pays pour qu'on ne fût pas pressé de la renouveler. Mais on l'a voulu ; et une seconde fois, le 16 mai dernier, on est venu fournir une dernière et éclatante démonstration.

Le 16 mai 1877, comme le 24 mai 1873, on a donné le même spectacle désolant, celui de trois partis monarchiques unis un jour pour renverser l'objet de leur haine commune, rompant le lendemain cette union et s'abreuvant d'outrages, se poursuivant de menaces ; puis, quand ils sentent qu'il y a danger à continuer la rupture, se rapprochant pour se diviser encore et remplir ainsi la France de dégoût, et l'Europe de commisération pour une grande et noble nation livrée à de si déplorables déchirements.

Alors a commencé cette situation qui ne pourrait durer, d'une Constitution républicaine avec un personnel de gouvernement anti-républicain, et c'est cette situation à laquelle a succombé la Chambre dissoute.

Dans toutes les branches de l'administration de l'Etat, et surtout dans celles dont la mission est politique, on a vu, à très peu d'exceptions près, des préfets, des sous-préfets administrant au nom de la République et ne dissimulant ni leur aversion pour elle, ni leur conviction qu'elle était impossible, ni l'espérance qu'elle ne serait pas durable. Dans d'autres parties du gouvernement de l'Etat, où les convenances commandaient plus de réserve, les sentiments étaient moins étalés, mais visibles encore, et, en descendant des grands centres au fond des provinces, où l'on se contient moins, on a vu les moindres agents avouer les mêmes sentiments. Cet état de choses s'est même révélé davantage à mesure que les fonctionnaires républicains ou convertis à la République, qui devaient leur nomination, soit au gouvernement du 4 septembre, soit au gouvernement dont j'étais le chef, ont été successivement éliminés, et bientôt on est arrivé à ce gouvernement de forme républicaine, aux mains d'un personnel anti-républicain.

Cet état de choses, qui jette les populations dans une vraie confusion d'esprit, a fini, après bien des remaniements, par devenir intolérable. Lorsque, après les élections républicaines de février 1876, la Chambre récemment dissoute s'est réunie, elle a porté à Versailles l'étonnement et la désapprobation du pays. Elle l'a fait avec ménagement, et les ministres choisis dans son sein, faisant droit à ses désirs, ont apporté quelques modifications à cet état de choses contradictoire, qui confiait le pouvoir à des agents opposés à la nature du gouvernement qu'ils servaient. Mais, gênés dans leur action, ils n'ont donné que des satisfactions insuffisantes aux yeux des populations qui en attendaient de plus considérables.

A chaque prorogation, la Chambre a pu être témoin de ce mécontentement ; et, en revenant à Versailles, elle en portait de nouveau l'expression aux ministres. Elle a insisté auprès d'eux, non pas violemment, mais discrètement, avec égards pour les ministres qu'elle estimait et dont elle connaissait les embarras. Il n'était pas possible, en effet, que ce défaut d'harmonie ne devînt bientôt éclatant.

Je le déclare devant le pays, certain de n'être pas démenti par lui : la situation n'est pas autre que celle que je viens d'exposer.

Forcés par la nécessité, les partis coalisés ont concédé la République en principe ; mais ils ont voulu se réserver le pouvoir en fait, et nous avons eu, je le répète, une Constitution républicaine avec un personnel de gouvernement anti-républicain.

Toute nation a le droit de se donner le gouvernement qui lui convient ; et, quand elle l'a institué, elle a le droit d'exiger que ce gouvernement soit loyalement servi. Personne n'est obligé de servir un gouvernement qui déplaît ; mais si on accepte, si on recherche surtout des fonctions émanant de ce gouvernement, il faut les remplir fidèlement, avec le désir de le faire réussir, et non de le renverser. Tout le monde, certainement, a le droit de prétendre aux fonctions publiques, de quelque parti, de quelque origine qu'il soit ; il faut même souhaiter que des hommes expérimentés, anciens serviteurs de l'Etat, continuent à le servir, mais toujours à la condition de le servir loyalement.

On rappellera qu'à Bordeaux nous étions d'anciens monarchistes qui servions la République. Cela n'était pas vrai pour tous. D'ailleurs nous avions été demandés ; nous n'étions pas venus sans qu'on nous appelât, et nous servions par pure bonne volonté, parce que notre présence rassurait les populations alarmées, et qu'enfin nous étions convertis à la nécessité de la République.

Des serviteurs semblables, j'en souhaite et beaucoup à la République, et, de si loin qu'ils viennent, ils ne seront que les bien venus s'ils sont sincèrement décidés à contribuer à l'œuvre commune, laquelle, si elle réussit, sera le bonheur de la France et non son désastre.

Donc, la question du 16 mai peut se résumer ainsi tout entière :

Faut-il vouloir la République, et si on veut la République, faut-il la constituer d'une manière sûre, avec des hommes qui veuillent la faire réussir ?

Il n'y a pas d'autre question que celle-là.

Eh bien ! je demande à tout homme de bonne foi, à quelque parti qu'il appartienne, si on pourrait aujourd'hui élever au trône M. le comte de Chambord, avec les opinions qu'il professe et le drapeau dans lequel il s'enveloppe, ou si on espère un jour le faire accueillir après qu'il aura modifié sa manière de penser? Nous le respectons trop pour le croire.

Je ne parlerai pas des princes d'Orléans, qui ne veulent être mentionnés qu'à la suite de M. le comte de Chambord, et à leur rang héréditaire ; mais je demanderai si on pourrait aujourd'hui présenter à la France M. le prince impérial qui, tout innocent qu'il est des malheurs de la France, les lui rappelle si vivement qu'elle en frémit encore !

Personne n'osera me dire oui ; et, en effet, tous les amis de ces prétendants remettent à d'autres temps le jour où l'on pourrait agir pour eux, ce qui prouve qu'il en est ainsi, c'est qu'ils ne tentent rien, malgré l'indulgence assurée à tous les partis monarchiques.

Or, jusqu'à ces temps plus ou moins éloignés, que fera la France ? La France attendra que ces futurs maîtres soient prêts : que l'un soit converti à d'autres idées, qu'un autre soit plus avancé dans la ligne de successibilité, qu'un troisième ait achevé son éducation ; et jusque-là tout sera en suspens, commerce, industrie, finances, politique de l'Etat. Comment proposer, en effet, à des industriels d'essayer de grandes entreprises industrielles, à des financiers de consentir des emprunts avec une nouvelle catastrophe en perspective, et à des cabinets de nouer des relations ou des alliances, avec la crainte de voir de nouveaux personnages, un nouvel esprit, diriger la politique française? Osera-t-on tenir ce langage à une grande nation que l'Europe a tant admirée dans sa gloire , qu'elle a admirée encore dans ses malheurs en la voyant si prompte à revivre, à grandir, si sage surtout en présence de provocations auxquelles elle oppose tant de sang-froid et de paisible fermeté ?

Des hommes qui, parce qu'ils se disent monarchistes, croient avoir le secret des couronnes, prétendent qu'on désire leur règne, et que la France alors recouvrera sa considération et des alliances. Eh bien ! disons à ces hommes qui croient connaître l'Europe et qui n'en ont pas la première idée, qui lui prêtent leurs préjugés, leur ignorance, que l'Europe prend en pitié leurs prétentions et leurs espérances, et les blâme d'avoir jeté leurs pays dans ce trouble, au lieu de l'organiser dans la forme aujourd'hui possible. Cette Europe, elle était sous des princes absolus ; et, reconnaissant la marche des temps, elle s'est organisée sous des princes constitutionnels ; elle comprend que la France a pu, trois dynasties tombées, se prêter à la République, qui depuis six ans l'a tirée de l'abîme où ces monarchies l'avaient précipitée ; elle a vu notre prestige militaire un moment atteint, un nouveau prestige renaître, celui de l'inépuisable vitalité d'un pays abattu, relevé tout à coup et donnant au monde un spectacle inouï de ressources de tout genre, à ce point que la France, après Reichshoffen, après Sedan, Metz, a reparu grande encore. C'est sous la monarchie qu'elle était tombée, et c'est sous la République qu'elle a pu se relever. Elle se relevait, en effet, et ce sont les partis monarchiques qui la troublent de nouveau dans son travail de reconstitution. Et si c'est la considération de l'Europe qu'on recherche, qu'on écoute cette Europe, qu'on écoute son jugement !

C'est pourquoi nous insisterons toujours et nous demanderons s'il y a une autre alternative que celle-ci : ou monarchie, monarchie impossibe parce qu'il y a trois prétendants et un seul trône ; ou République, République difficile sans doute, non à cause d'elle-même, mais à cause des partis monarchiques qui la troublent, et néanmoins possible sous la protection de l'immense majorité des citoyens.

C'est donc à cette immense majorité des citoyens à s'entendre, à s'unir et à opposer leur volonté à tous ceux qui empêchent l'établissement du seul gouvernement possible.

La monarchie aujourd'hui, après les trois révolutions qui l'ont renversée, c'est la guerre civile immédiate, si on la fait aujourd'hui ; à deux ans, trois ans de date, si on la remet à cette époque.

La République, c'est un équitable partage entre tous les enfants de la France, du gouvernement de leur pays, en proportion de leurs forces, de leur importance, de leurs mérites, partage possible, praticable, sans exclusion d'aucun d'eux, excepté de ceux qui annoncent qu'ils ne veulent la gouverner que par la révolution.

La République, c'est la nécessité ; car tout homme qui ne sera ni aveugle ni menteur sera obligé de convenir que seule elle est possible après tout ce qu'on a vu en octobre 1873, et aujourd'hui, après mai 1877.

Nos adversaires nous diront peut-être que nous les calomnions en prétendant qu'ils ne veulent pas de la République. Non, nous ne pouvons pas croire qu'ils se disent calomniés !

Quoi ! ils se diraient ralliés à la République, lorsque leurs discours d'autrefois, leur langage d'aujourd'hui, leurs confidences de tous les jours, leurs polémiques dans les journaux qui les représentent, les déclarent les uns légitimistes, les autres orléanistes ou bonapartistes ; lorsque, consentant à servir la République, ils ne daignent pas la nommer ; lorsqu'un magistrat municipal, recevant le chef de l'État avec le respect qui lui est dû, et lui disant que les populations seront charmées de lui montrer leur attachement pour les institutions républicaines, lorsque ce magistrat est destitué pour ce langage et renvoyé auprès de son prédécesseur, destitué la veille pour un péché assez semblable ! Non, nous défions nos adversaires de se dire républicains ; mais ils ne s'exposeront pas au démenti qui éclaterait de toutes parts s'ils osaient se déclarer républicains.

D'autres diront peut-être qu'ils accepteraient à la rigueur la bonne République, mais qu'ils ne veulent pas la mauvaise.

Eh oui ! nous sommes de leur avis ; il faut être pour la bonne, et pas pour la mauvaise ; et aucun de nous n'en demande une autre. Mais quand donc a-t-il été question de la mauvaise ? Quel jour s'est-elle montrée, cette mauvaise République ? Est-ce lorsque à Bordeaux, Versailles, Paris, au milieu de désastres sans exemple, au milieu des ruines, elle refaisait un gouvernement, une armée, des finances, écrasait l'anarchie, rétablissait le respect des lois, payait l'énorme rançon du pays, affranchissait le territoire, rendait la France à elle-même ? Était-ce la mauvaise République, celle-là ? Et depuis, encore, lorsque, au milieu de difficultés de tout genre suscitées par ses adversaires, cette République contredite, tiraillée, dirigée cependant par des ministres républicains, apaisait les populations, et, sans pouvoir satisfaire tous leurs vœux, leur procurait une vie tolérable de février 1876 à mai 1877; était-ce une mauvaise République, celle-là ? Vous pouvez en juger, en comparant l'année 1870 à l'année 1877; et demandez-en des nouvelles à l'industrie, au commerce, à toute l'Europe témoin de nos assertions ; et tous vous répondront et vous diront quelle différence il y a entre la bonne et la mauvaise République, car ils ont pu les comparer.

Oui, la mauvaise République, vous nous l'avez fait connaître au 16 mai ! Gênée sans doute la veille, inquiétée par vos menaces, la République était cependant active encore, laborieuse, paisible, à l'abri d'une légalité respectée et de la soumission imposée aux partis. Et le 16 mai, quel spectacle !

Les auteurs du 16 mai répondent : Nous convoquons le pays pour qu'il fasse connaître sa volonté.

Ce serait le moment de lui laisser la liberté d'exprimer sa pensée, et d'abord de l'exprimer le plus promptement possible ; car un tel état de crise n'est jamais trop court. Tandis que tous les gouvernements n'ont jamais pris plus de vingt ou trente jours, et une seule fois soixante, on prend d'abord les trois mois que le texte légal autorise : à ces trois mois on ajoute, par une extension manifestement illégale, un nouveau délai ; et enfin, au lieu de laisser parler le pays en toute liberté, puisqu'on le consulte, on fait le contraire, par un monstrueux démenti donné à toutes les règles.

Ce ne sont pas seulement les principes essentiels du régime républicain qui sont tous les jours violés; ce sont les plus incontestables principes du droit public chez les peuples libres, qu'ils vivent en République ou sous le gouvernement d'un roi.

Dans tout Etat libre, le premier soin, au moment où l'on va consulter la nation, est d'ouvrir toutes les voies par lesquelles peut arriver la vérité. Chez nous, la libre circulation de la pensée est arrêtée sur tous les points; la librairie, le colportage, les chemins de fer sont forcés de se rendre à discrétion, sans que le gouvernement se soucie des malheureux qu'il prive ainsi de leur seul gagne-pain; et tous les fonctionnaires les plus étrangers à la politique, frappés à la fois pour intimider les citoyens qn'on révolte et qu'on n'intimide pas.

Mais s'arrête-t-on là? Non. Lisez, écoutez ce qu'on écrit impunément dans les journaux du gouvernement, avec sa tolérance, puisqu'il ne sévit pas.

Tout haut, on dit que si ces moyens ne suffisaient pas pour empêcher le retour de la majorité dissoute, il ne faudrait pas s'arrêter devant la persistance du pays! On dissoudrait de nouveau, jusqu'à ce qu'on eût obtenu la réponse que l'on désire. La Constitution et toutes les Constitutions ont établi qu'en cas de dissentiment avec le pouvoir on a recours au pays, et que, quand il a répondu, le dissentiment doit être vidé. Or, comme on n'a pas supposé que les gouvernements ni les peuples fussent fous, on n'a pas dit que, le pays ayant répondu, on ne l'interrogerait pas une seconde fois ni une troisième.

On ne l'a pas dit, parce qu'on ne suppose pas la folie ni chez les gouvernants ni chez les gouvernés. Eh bien! on ne s'en tient plus au simple bon sens. Le pays n'a pas répondu comme on voulait, on dissoudra de nouveau, et aussi souvent qu'il faudra jusqu'en 1880. Mais il faut du temps pour dissoudre; et si le 31 décembre arrive sans que le budget ait été voté, nulle difficulté : on percevra l'impôt sans qu'il ait été voté. D'ailleurs, on a le Sénat, le Sénat votera le budget si on n'a pas une Chambre pour le voter, et puis.... et puis.... on a la force, on l'emploiera!

Voilà ce qu'on dit sans qn'il y ait répression de cet audacieux mépris de toutes les lois. Je le demande à tous mes contemporains, à tous ceux qui ont souvenir de 1830, sous M. de Polignac aurait-on osé venir dire que, si la Chambre des députés n'avait pas voté le budget, le roi et la Chambre des pairs y suffiraient? Non, apparemment; ou la réponse eût été celle qu'on fit aux fameuses Ordonnances.

On nous refuse donc, non-seulement les principes propres à la République, mais les plus simples principes parlementaires admis dans trois monarchies non absolues; on va plus loin, on va à cette monstruosité que Napoléon III dans sa toute-puissance n'aurait jamais osé professer : que l'impôt pourrait être perçu sans avoir été voté! Et enfin en écrit ces paroles criminelles que, s'il faut la force, la force sera là!

La mauvaise République, la voilà ; c'est la seule qui ait paru depuis Bordeaux, et ce sont les partis monarchiques déchaînés qui nous la donnent avec une audacieuse impunité.

Electeurs, voilà les faits, vous les voyez, il n'y a pas à les démontrer.

Avons-nous jamais vu un spectacle plus inouï de la violation de tous les principes. Tous les moyens de circulation, qui sont du domaine de tous, usurpés au profit d'une opinion ; toutes les issues fermées à la vérité, quand la nation a besoin et droit de tout savoir, et puis l'effrontée déclaration que si la nation n'a pas obéi, n'a pas répondu comme on voulait, on l'interrogera de nouveau, et que, si on n'a pas le temps de le voter le budget n'en sera pas moins perçu. Voilà ce qu'on publie impunément, c'est-à-dire la violation de tous les principes de la République, de la monarchie, de tous les principes qu'on ne nie plus, même à Constantinople. Il n'y manque que les violences envers les personnes ; et elles n'y manqueraient plus si, comme on a osé proposer, on ajoutait le crime, — il faut appeler les choses par leur nom, — le crime de la mise en état de siége, c'est-à-dire la France convoquée pour élire sous la juridiction des conseils de guerre.

Telle est, je le répète, la République, non des républicains, mais des anti-républicains. Celle-là est à eux, et à eux seuls.

Quelle est l'explication d'un pareil égarement ? Celle-ci, que j'entends donner depuis un demi-siècle : La France périt, va périr, il faut la sauver ! Mot fatal, avant-coureur de toutes les fautes de gouvernements tombant en démence avant de tomber en ruines.

Hélas ! si le mot était vrai, combien de fois déjà la France n'aurait-elle pas péri ! Si souvent elle a été troublée, si souvent elle a souffert, elle n'a pas péri ; mais ont péri ceux qui prétendaient vouloir la sauver. Ils ont pu l'entraîner avec eux dans l'abîme ; mais elle s'est relevée avec le secours d'honnêtes gens qui, après l'avoir vainement avertie du péril où on la précipitait, n'en ont pas moins tout fait pour l'en arracher.

Et, à ce sujet, je supplie les vrais conservateurs, honnêtes gens que je ne confonds pas avec les conservateurs prétendus qui ont aujourd'hui la parole, je les supplie de se rappeler toutes les occasions où ils se sont écrié : La France périt, sauvons-la, et, pour la sauver, résistons, résistons !

On a résisté, qu'est-il arrivé ! Sous Charles X, sous Louis-Philippe, sous Napoléon III, on s'est écrié : Résistons !

Que demandait-on sous Charles X ? De reconnaître que le roi ne pouvait rien sans la Chambre, c'est-à-dire sans le pays. On a résisté jusqu'aux fameuses Ordonnances.

La France n'a pas péri ; c'est la royauté de Charles X qui a péri, et tous les principes parlementaires ont été consacrés à la fois par la Charte de 1830. La France a souffert sans doute ; mais elle a bientôt refleuri, et sa prospérité semblait devoir durer longtemps. Malheureusement, on avait négligé un point, cent mille électeurs représentaient 37 millions de Français. L'évidence saisissait tout le monde, et on disait que

200,000 citoyens ne pouvaient prétendre être la France tout entière. On a demandé une modeste réforme qui aurait donné 30 ou 40,000 électeurs de plus. Sur-le-champ, ce cri a retenti : La France va périr si on ne résiste ; la Révolution de 1848 a éclaté ; et nous avons eu le suffrage universel, c'est-à-dire 8 à 9 millions d'électeurs. La France n'a pas péri cependant. La royauté constitutionnelle, qui aurait pu nous donner une sage liberté, a péri ; et la France, après avoir souffert, car toute révolution fait souffrir, la France s'est relevée, a traversé trois années d'agitation, de désordre qui l'ont conduite à Napoléon III. Celui-là n'a pas hésité, et, pour sauver la France, toutes les libertés nous ont été enlevées à la fois. La Constitution impériale de 1804 a été rétablie : plus de presse, plus de discussion parlementaire ; tous les ans, quinze jours de budget pour toute session, et puis silence ! L'empereur seul gouvernait, l'empereur seul ! Toutes les libertés étaient dans ses mains, qui malgré lui s'ouvrirent un jour. Toutes les libertés lui échappèrent. Elles l'auraient sauvé peut-être ; mais on s'écria aussitôt : La France va périr ! et il chercha alors instinctivement dans la guerre un refuge contre les libertés renaissantes. Cette fois, la France a bien failli périr. Elle n'a été que démembrée ; elle a été obligée d'abandonner à l'ennemi victorieux une part énorme de ses richesses. Mais, enfin, elle s'est sauvée ; et, après avoir essayé de refaire la monarchie absolue, elle a établi la République.

La France n'a pas péri ; mais trois régimes ont péri, et la France a été cruellement éprouvée pour arriver enfin, en trois pas, à la forme démocratique moderne. Elle s'est développée sans cesse en restant le plus grand spectacle offert tantôt à l'effroi, tantôt à l'admiration du monde, et toujours à son imitation !

Je supplie les honnêtes gens, très-honnêtes, instruits, plus instruits qu'éclairés, malheureusement prompts à s'alarmer, de regarder ce tableau de chutes successives et de réfléchir.

Le torrent dévastateur, suivant eux, devant lequel ils s'écrient chaque fois, que la France va périr, qu'il faut résister, ne serait-il pas ce grand siècle qu'on appelle le dix-neuvième, et qui entraîne l'humanité tout entière ? Ce dix-neuvième siècle, qui l'a fait ? Ce n'est pas nous, pas plus que nous n'avons fait le seizième, d'où sont sortis Bacon et Descartes, c'est-à-dire la philosophie moderne ; le dix-septième siècle, siècle de Pascal, de Bossuet, de Newton, de Leibnitz ; le dix-huitième enfin, d'où sont sortis Montesquieu, Voltaire, Rousseau, le grand Frédéric, et cette grande philosophie française qui, appliquant l'esprit humain à rechercher les lois de la société, a détruit les monarchies féodales, et qui, appliquant la science au bien-être de l'homme, a donné à l'Europe et aux deux mondes « les droits de l'homme » ; non pas l'égalité des conditions, mais l'égalité des droits, moyen de conquérir l'égalité des conditions autant qu'elle est possible ; qui a affranchi les serfs de la Russie, les nègres d'Amérique ; qui a donné la vapeur aux hommes, la liberté de penser, la liberté de conscience à tous les peuples ; qui a ouvert aux regards de l'homme les sphères célestes et révélé à Laplace le secret du système du monde. Et ne serait-ce pas un véritable anachronisme que cette folle résistance à des progrès dont l'humanité entière a tant profité, et dont la France a eu l'honneur de donner le signal; car elle a marché, le flambeau du génie à la main, à la tête de l'humanité?

Eh bien! après tant de ruines, n'est-il pas temps de s'interroger, de réfléchir, et de se demander si ce n'est point de la marche de l'humanité qu'on a peur, si ce n'est point à elle qu'on résiste follement?

La France n'a pas péri; mais trois monarchies ont péri. Leurs débris couvrent le sol, leurs héritiers se relevant, se menaçant, veulent se disputer les ruines. Arrêtons-les, obligeons-les à supporter le gouvernement de tous au profit de tous, et répétons partout cette vérité :

La monarchie n'est pas possible; elle aurait pour conséquence immédiate ou prochaine la guere civile.

Faisons donc la République, la République honnête, sage, conservatrice, qui n'est pas impossible, car elle commençait quand les héritiers intéressés des monarchies détruites sont venus la troubler et faire retentir à nos oreilles des menaces insensées et criminelles; et vous, électeurs, à ces contempteurs de toute vérité, faites entendre une dernière fois, une fois décisive, les vérités suivantes, qui seront le résultat de votre vote :

La nation seule est souveraine.

La République est la forme de gouvernement au moyen duquel s'exerce sa souveraineté.

La souveraineté s'exerce par un chef électif du pouvoir exécutif, qualifié président de la République, et par deux Chambres, agissant suivant des formes prescrites par la Constitution.

Le chef électif du pouvoir exécutif ne peut gouverner qu'avec le concours de ces deux Chambres, et des ministres agréés par la majorité.

Le concours d'une seule Chambre ne suffirait pas; la loi ou les subsides votés par une seule seraient absolument nuls et non avenus.

L'impôt non voté par les deux Chambres ne serait pas recouvrable, et l'essai de le faire percevoir serait un attentat contre la Constitution, contre la fortune et la liberté des citoyens.

En cas de dissentiment constaté par un vote entre les pouvoirs, et notamment entre le Président et la Chambre élective, si cette Chambre est dissoute, le pouvoir exécutif est tenu d'en convoquer une nouvelle dans le moindre délai possible. La prolongation de ce délai au delà du terme indispensable est une violation de l'esprit de la loi; au delà de quatre-vingt-dix jours, elle devient une violation du texte même de la loi, qui doit être considérée comme un attentat contre la Constitution.

Lorsque les élections ont eu lieu régulièrement, le litige est vidé; et la résistance à la volonté de la nation serait une résistance à la Constitution même.

Une nouvelle dissolution ne pourrait avoir lieu qu'après une session qui ferait naître des questions nouvelles sur lesquelles le pays n'aurait pas déjà prononcé.

Tout ce qui contrevient à ces prescriptions rigoureusement déduites de nos lois et de notre Constitution est un acte d'usurpation, et un cas de responsabilité prévu par l'article 19 de la Constitution.

La liberté des élections est un principe essentiel. Toutes les opinions doivent se manifester librement, et tous les moyens employés pour les empêcher de se produire, en abusant des lois qui règlent la circulation des journaux, la circulation du colportage, sont une usurpation du domaine public. La presse quotidienne, les chemins de fer, le colportage, l'affichage sont du domaine public. Il n'est permis à personne de s'en arroger le monopole, sauf les règlements édictés dans l'intérêt des mœurs publiques.

En matière religieuse, la liberté des cultes est le principe de la nation française. Tous les cultes reconnus par l'Etat doivent être protégés, dotés convenablement et profondément respectés, mais avec interdiction de toute ingérence dans la politique de l'Etat.

La politique de la France est une politique de paix, sauf le cas où la protection des intérêts nationaux exigerait le recours à la force, et après décision solennelle des pouvoirs publics.

Sur ces principes repose la politique nationale depuis 1789. La France veut y rester fidèle, et il importe de les consacrer définitivement par vos suffrages.

C'est la seule fin sage et utile que la nation doive imposer à cette crise, et elle se résume en quatre mots :

Souveraineté nationale,

République,

Liberté.

Légalité scrupuleuse,

Liberté des cultes,

Paix.

Telles sont, mes chers électeurs, les opinions de toute ma vie, celles de notre dix-neuvième siècle, qui marquera dans l'histoire de la France et de l'humanité, et que je vous conjure de consacrer dans cette occasion solennelle.

Mille calomnies vont m'assaillir. Vous y répondrez par vos suffrages, qui ne m'ont jamais fait défaut depuis près d'un demi-siècle.

A. THIERS.

Paris. — Imp. Richard et Cie, 18-19, pass. de l'Opéra.